Dr. Thaddäus Troll
Wo kommet denn dia kloine Kender her?

A Bilderbuach ieber a hoikels Thema ohne Dromromgschwätz fir Kender ond fir Alte, wo jong blieba sent, noch dem englischa Buach vom Peter Mayle

Hoffmann und Campe

Fir d'Barbara, d'Manuela, d'Isabel, d'Eva, d'Claudine ond da Uli – kurz gsagt: fir älle Kender, wo koine schenierte Eltera hent, ond fir älle Eltera, wo koine schenierte Kender wellet

Titel der Originalausgabe
»Where Did I Come From?«
Erschienen bei
Lyle Stuart Inc., Secaucus/New Jersey
© 1973 by Peter Mayle

Illustrationen von Arthur Robins

1. Auflage, 1. bis 30. Tausend September 1974
2. Auflage, 31. bis 50. Tausend Januar 1975
3. Auflage, 51. bis 75. Tausend Oktober 1976
© Hoffmann und Campe Verlag, Hamburg 1974
Reprosatz Alfred Utesch, Hamburg
Druck Süddeutsche Verlagsanstalt, Ludwigsburg
Bindearbeiten Großbuchbinderei Sigloch, Künzelsau
ISBN 3-455-05001-8 · Printed in Germany

Des Buach secht,
was du von dir selber wissa muascht.

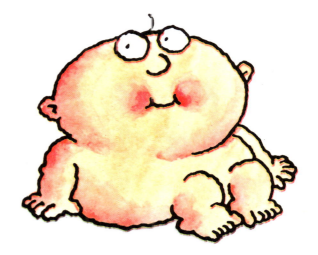

Mir hent des Buach gschrieba, weil mir denkt hent, du willscht gern wissa, wo du eigentlich herkommscht ond wia des älles passiert ischt.

Mir hent nämlich selber Kender ond wisset, wia schwer's ischt, d'Wohret z'saga, ohne en rota Kopf z'kriaga ond romz'schtottera.

Eh mir des Buach gschrieba hent, hent mir a paar Buaba ond Mädla en deim Alter gfrogt: Was moinet er denn eigentlich, wo ihr herkomma sent?

Wia sag e's bloß, ohne daß e drbei rot werd?

Gell, du woischt, daß des älles vrloga ischt. D'Wohret drieber, wo dia kloine Kendla herkommet ischt nämlich viel gaudiger wia des domme Zeigs. Deswega wellet mr von Afang a d'Wohret vrzehla, ohne Dromromgschwätz.

Kloine Leit werdet von große Leit gmacht

's erschte, was mr wissa muaß: Kendla werdet von zwoi große Leit gmacht. Bloß a Pärle, also a Mo ond a Frau, ka des. Dia zwoi, wo di gmacht hent, sent dei Vatter ond dei Muatter gwä.

Wenn dei Muatter ond dei Vatter zamma en dr Badwann hocka tätet, no tätscht fei net schlecht glotza.

Dia sehet nämlich net von oba bis onta gleich aus. Des hoscht sicher selber scho gmerkt, aber des siehscht viel deitlicher, wenn se zamma badet.

Net bloß, daß se net gleich groß sent. Se hent au ohne Kloider onterschiedliche Sacha am Leib.

Wenn d'Mamma ond dr Babba zamma en dr Badwann hocka täte no tätscht fei net schlecht glotza.

Was ischt an dr Mamma ond am Babba anderscht?

Gell, des ischt jetz wichtig, weil's ganz vrschiedene Sacha sent, ohne dia dei Muatter ond dei Vatter di net macha kenntet. Weil des so wichtig ischt, hent mir zwoi große Bilder gmolt.

Uff dene kascht deitlich seha, was wo ischt ond was was ischt. 's ischt egal, daß dia zwoi uff de Bilder anderscht aussehet wia dei Muatter ond dei Vatter. De wichtige Schtella sent bei ons älle gleich. Au bei dir.

Fanget mr bei de Bilder oba a ond gucket, was anderscht ischt.

Do siehscht zerscht, daß em Mo sei Bruschtkaschta flach ond eba ischt wia a Schpätzlesbrett. D'Frau aber hot zwoi ronde Huppel uff ihrem Bruschtkaschta.

Dia boide Huppel hent viele Nama. Hochdeitsch hoißt's Busen. Bei ons secht mr Tutta oder Herzer drzua. Ond wenn oina en großa Busa hot: »Dia hot aber Holz vor em Haus.«

Wenn de Große ihre Kloider ausziaget, no siehscht ganz deitlich, was anderscht ischt.

Huppel

Dr richtige Nama für dia boide Huppel ischt Bruscht oder Busa. Des sottescht dr merka.

Wo du grad uff d'Welt komma bischt, ischt dr Busa von deinera Muatter wia a Milchlädle gwä. Als ganz klois Pfetschakendle hoscht no koine Zeeh ghet ond drom nex Feschts essa kenna – koine Wirschtla ond koin Kartoffelsalat, au koin Äpfelkuacha ond koin Schoklad. Wenn du Honger ghet hoscht, no hoscht Milch trenka miaße.

Ohne dia Milch hättescht en de erschte Monat net leba kenna. Du hoscht se entweder aus em Fläschle tronka oder direkt aus em Busa von deinera Muatter. Sag dem Busa deswega dankschee, bevor mir weitermachet.

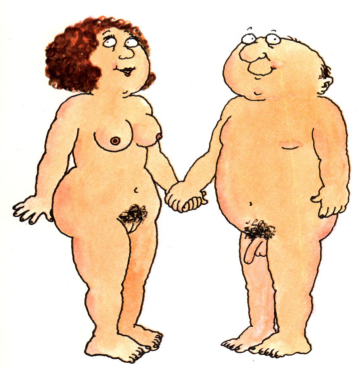

Jetz guck dr dia Bilder a bißle weiter onta a. Do siehscht, daß d'Frau do, wo dr Bauch afangt, broiter wird, ausanandergoht, dr Mo aber net.

Hüfta

Dia Schtell, wo d'Frau broiter wird, hoißt mr d'Hifta. Dronter ischt Platz fir a Kendle. Aber davo schwätzet mr erscht schpäter.

Jetz guck weiter nonter, wo d'Fiaß afanget. Gell, du woischt doch, daß mr do hochdeitsch Beine secht, aber bei ons Schwoba ganget d'Fiaß bis nauf an Ranza. Ond ganz do oba, do hent dr Mo ond d'Frau a Pelzle aus Hoor. Sei net neidisch, du kriagscht au ois, wenn du greeßer wirscht.

Penis

Aber 's Wichtigschte, wo da do siehscht, baumelt em Mo aus em Bauch raus. So ebbes hot d'Frau net. Ihr Buaba hent des au, ond's wird greeßer, wenn ihr greeßer werdet.

Wia dr Busa hot au des Deng viele Nama. Bei ons saget d'Buaba Seckele oder Schpitzle drzua. Aber dr richtige Nama ischt Penis.

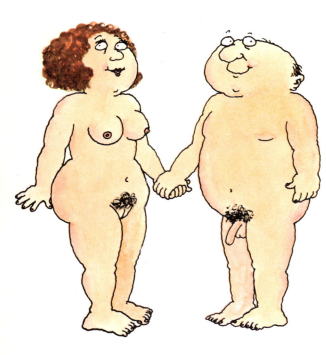

's wird greeßer, wenn du greeßer wirscht.

Vagina

Aber was hot d'Frau do, wo dr Bauch uffheert ond d'Fiaß afanget? Se hot a klois Lechle. Des hoißt Vagina. (Mr secht: Wagiena. Gell, des ischt eigentlich a scheener Nama, oder net?)

Sodele! Jetz muascht dia boide Nama bhalta, Penis ond Vagina, ond no wellet mr seha, wia a Kendle gmacht wird.

Wia mr a Kendle macht

Dr Mo ond d'Frau lieget mitanander em Bett (Meischtens fangt's em Bett a, weil mr sich do so guat neischneckla ka.)

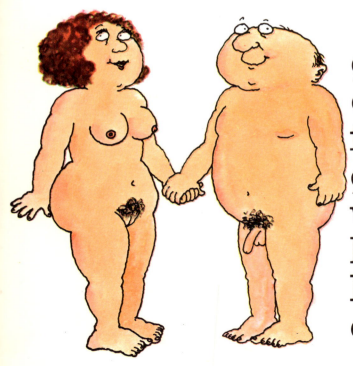

Der Mo mog dia Frau. Drom gibt er ihra en Kuß. Ond sia gibt ehm au en Kuß. Boide nemmet sich fescht en Arm, weil des richtig guat tuat. Ond noch ema Weile wird dem Mo sei Penis schteif ond hart ond viel greeßer wia sonscht. Er wird greeßer, weil er jetz glei ebbes z'schaffa kriagt.

Do dren macht mr Kendla.

Jetzetle mecht dr Mo ganz bhäb bei dr Frau sei, weil er se halt so arg gern hot. Ond weil er ganz en se neischneckla will, liegt er am beschta uff se nuff ond schteckt sein Penis en ihr Vagina nei.

A Frau hot's gern, wenn a Mo se arg gern hot, ond omkehrt ischt au gfahra.

Wia mr sich ebbes Liabs atuat

Des ischt scho saumäßig schee fir boide, fir da Mo ond fir d'Frau. Er mecht gern en era drenna sei, ond sia mecht ehn gern en sich drenna schpiera. Mr hoißt des: sich ebbes Liabs atoa, weil älles drmit afangt, daß dr Mo ond d'Frau anander liabhent, anander meget. 's ischt scho a bißle schwer zom saga, wia des ischt, aber wenn du dr vorschtellscht, wia's de kutzelt: zerscht em Bauch, ond von do aus goht's ieberall na – no hoscht so a bißle a Ahnong drvo.

Ond du woischt jo: Wenn's de kutzelt, no zappelscht so a bißle rom ond nom. Des ischt fascht 's gleiche, bloß daß des uff a ganz bsondera Art kutzelt. Dia Schtella, wo's am meischta kutzelt, sent beim Mo dr Penis ond bei dr Frau d'Vagina. Drom zapplet dia wia narret do onta rom.

Des ischt scho saumäßig schee.

Dr Mo rutscht mit seim Penis en dr Vagina von dr Frau ruff ond nonter, ond dia boide kutzlige Schtella reibet sich ananander. Des ischt, wia wenn da de kratzscht, wenn's de beißt, aber's ischt scho arg viel scheener.

Meischtens fangt's schtät a ond wird emmer schneller, grad so, wia 's Kutzla emmer ärger wird.

<u>Worom heert des Kutzla uff?</u>

Jetzet moinscht grad: Wenn des so schee ischt, worom heeret dia Leit no ieberhaupt drmit uff Dodrfier gibt's zwoi Grend.

Erschtens macht des heidamäßig miad. Meh wia Kicka oder Saua oder Soilhopfa oder uff d'Baim klettera, meh miad als schiergar älles. So arg schee's ischt, du kasch's eba net da ganza Tag lang toa.

Sich ebbes Liabs atoa ischt wia Soilhopfa. Mr ka's net da ganza Tag lang toa.

Drzuana passiert ebbes wirklich Wonderschees, wo dem Kutzla an End macht, ond des ischt der Moment, wo a Kendle draus wird.

Wenn der Mo ond dia Frau so mordsmäßig mitanander romzappelt hent, daß da moina kenntescht, 's tät glei en Knall ond boide gengdet en d'Luft, no ischt des au fascht so.

Sodele! Noch äll dem Romzappla mitanander goht's dene zwoi durch Mark ond Boi, ond se kenntet fascht juchzga vor Fraid. Manche teant au en richtiga Juchzger drbei.

Des ischt wirklich gar net so oifach, dir z'vrzehla, was dia am End von dem Zappla schpiere Aber du woischt doch, wia's ischt, wenn's de a Zeitlang en dr Nas kutzelt, ond no kascht uff oimol saumäßig niasa. Des ischt a bißle so ähnlich, aber viel, viel scheener.

Ond mittadren, grad wenn's am schenschta wird, schpritzt uff oimol a dicks, päppigs Zeigs aus em Penis von dem Mo ond rutscht en dera Frau ihr Vagina.

's ischt fascht so wia Niasa,
aber viel, viel scheener.

's ischt wirklich kaum zom glauba, aber aus dem päppiga Zeigs bischt du ond ben i ond sent mir älle gmacht worda.

Des Zeigs hoißt mr Sama. Ond wia's koi Gräsle ond koi Reesle ond koin Kirschabaum gibt ohne Sama, grad so ka au koi Mensch ohne des ebbes werda.

<u>Dr Sama</u>

En jedem Tropfa Sama sent hondert ond tausend wenzige Trepfla, dia kascht bloß onter ema ganz gro100ßa Vergreeßerongsglas seha. Des sent de eigentliche Sama oder Samazella. Ond was dia Sama fir donderschlächtige Kerle sent, des ischt schier net zom glauba.

Glei wenn se aus em Penis vom Mo nausgrutscht sent, machet se sich uff da Weg en dr Vagina von dr Frau nuffzuas wia wenzige Kaulquappa em Bach.

Sama sehet faschtgar so a wia kloine Kaulquappa.

Wia kennt a Oi ema solcha saubera Kerle von Sama noi saga?

Wenn da no koine Kaulquappa gseha hoscht, aus dene schpäter Fresch werdet, no laß se dr von deim Vatter en era Pfitz em Wald zoiga. Faschtgar wia dia Kaulquappa hent dia Sama en ganz großa Kopf ond a klois Schwänzle. Bloß ischt bei dene 's Schwänzle viel länger ond so denn wia a Fädele, ond se teant nex wia tapfer ois von dene kloine Oila suacha, wo d'Frau jeden Monat en ihrem Bauch drenna macht.

Wenn so a oinzelner Sama a oinzelns Oi trifft, no fanget dia zwoi ebbes mitanander a. Mr hoißt des Befruchtung, ond drbei kommt schliaßlich a Kendle raus. (Wenn aber glei zwoi Sama zwoi Oier treffet, no gibt's Zwilleng. Ond drei Sama ond drei Oier, schlag me 's Blechle, gebet Drilleng. Ond so goht's weiter mit Vierleng ond Femfleng, aber des ischt fascht so rar, wia wenn's Kirscha hagelt.)

Dr Sama ond 's Oi vrschmelzet mitanander zom-a richtiga kloina Perseenle. 's ischt so kloi, daß en de erschte Wocha net amol d'Muatter woiß, daß es do ischt.

A Sama ond a Oi machet a Kendle.

Zwoi Sama ond zwoi Oier machet zwoi Kendla.

Ond so ka's weiterganga, wenn's weitergoht.

Vom Tipfele zom Kendle en dreiviertel Johr

Aber ganz, ganz schtät wachst's em Bauch von dr Muatter. Mr sottet ehm jetz eigentlich en Nama geba, aber mr wisset jo no gar net, ob's en Buaba oder a Mädle gibt. 's kriagt von dem z'essa, was d'Muatter ißt. 's bleibt guat uffghoba ond warm am-a Platz en dr Muatter ihrem Leib, ond den hoißt mr Gebärmutter. Do isch's dem kloina Deng so wohl wia dr Katz uff em Ofa. Ond en nai Monat wird aus dem kloina Deng wia a Veegele em Oi a Kendle, wo fix ond fertig uff d'Welt kommt.

Gell, du mechtescht au gern wissa, was en dene nai Monat passiert. Drom hent mir a paar Bilder gmolt, weil mr dir zoiga wellet, wia so a Kendle jeden Monat greeßer ond greeßer wird, bevor's uff d'Welt kommt.

Lang eh du uff d'Welt komma bischt, hoscht agfanga, en dr Muatter romz'zappla.

Erschter Monat

Saget mr amol, des Kendle sei a klois Mädle. En seim erschta Monat tuat's nex. 's ischt wia a I-Tipfele, wo da kaum seha kascht, ond's wachst zom-a ganz kloina Zwergle, wo net greeßer ischt wia oiner von deine Zeeh. Aber trotzdem's so kloi ischt, hot's scho a Rickgrat ond so ebbes wia Ärmla ond Fiaßla ond a Näsle ond Aigla. 's hot sogar a Herz, ond des Herz ka scho schlaga.

Zwoiter Monat

Wenn dr zwoit Monat vrbei ischt, hot onser Kendle net bloß Ärmla ond Fiaßla. 's hot Fengerla, Zeahla, Ellabeegla ond Kniala. Ond a oiges klois Gsicht.

Dritter Monat

En dera Zeit fangt des Kend a, plärra z'lerna. 's probiert seine Schtemmbender, wo's schpäter braucht, wenn's erscht amol noch em Veschper oder noch em Mittagessa schreit.

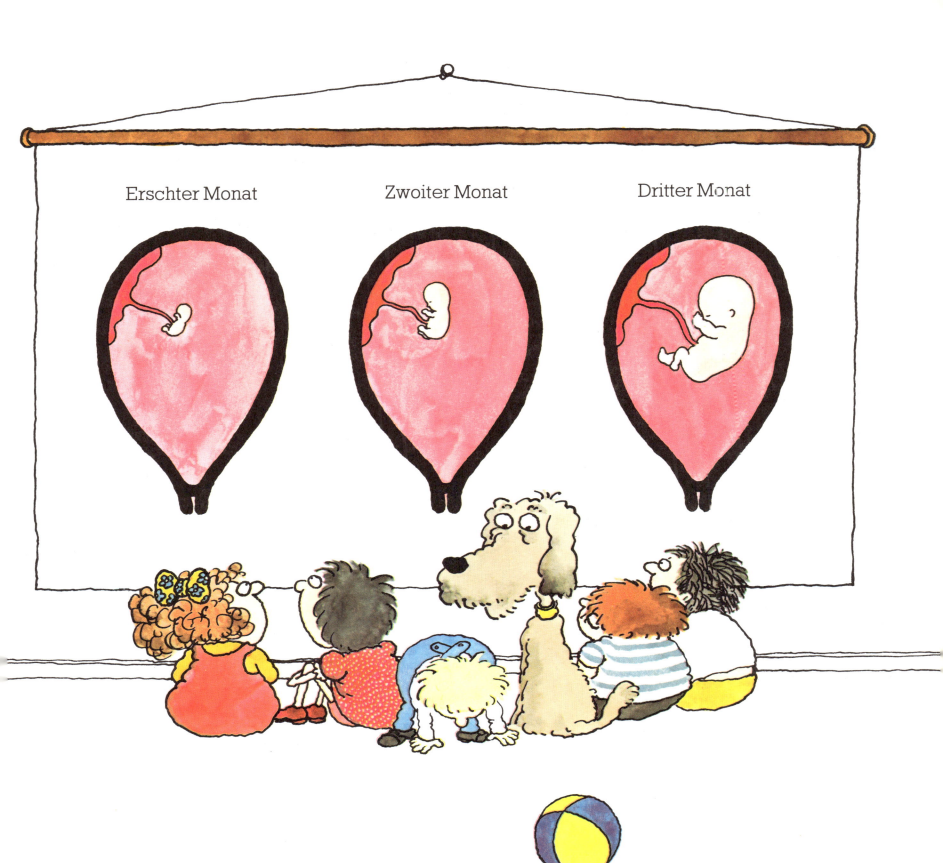

Vierter Monat

Jetz ischt des kloi Mädle scho ganz schee groß – faschtgar so groß wia d'Hand von deinera Mamma. 's wuselt au scho rom, ond am End von dem Monat ka dei Muatter manchmol scho schpier wia's en era romzappelt. (Schpäter kascht dei Hand uff dr Muatter ihren Bauch lega ond kascht des Kendle schpiera. 's gibt sottige, wo so wild tean daß mr moina kennt, se tätet do dren romkicka.)

Femfter Monat

Bis dona hent dia Kendla a Glatze wia a alter Mo. Aber em femfta Monat wachset ganz denne Härla uff dem Kepfle. Nägel wachset an de Fengerla ond an de Zeahla. Ond a Dokter ka mit ema ganz bsonders feina Heerrohr wirklich 's Herz von dem Kendle schlaga heera.

Sechster Monat

Trotzdem des kloi Mädle nex seha ka (weil's do dren kuahnacht ischt), ischt des der Monat, wo's seine Äigla uffmacht. Ond en dem Monat kriagt's au Augabraua ond Augawempera.

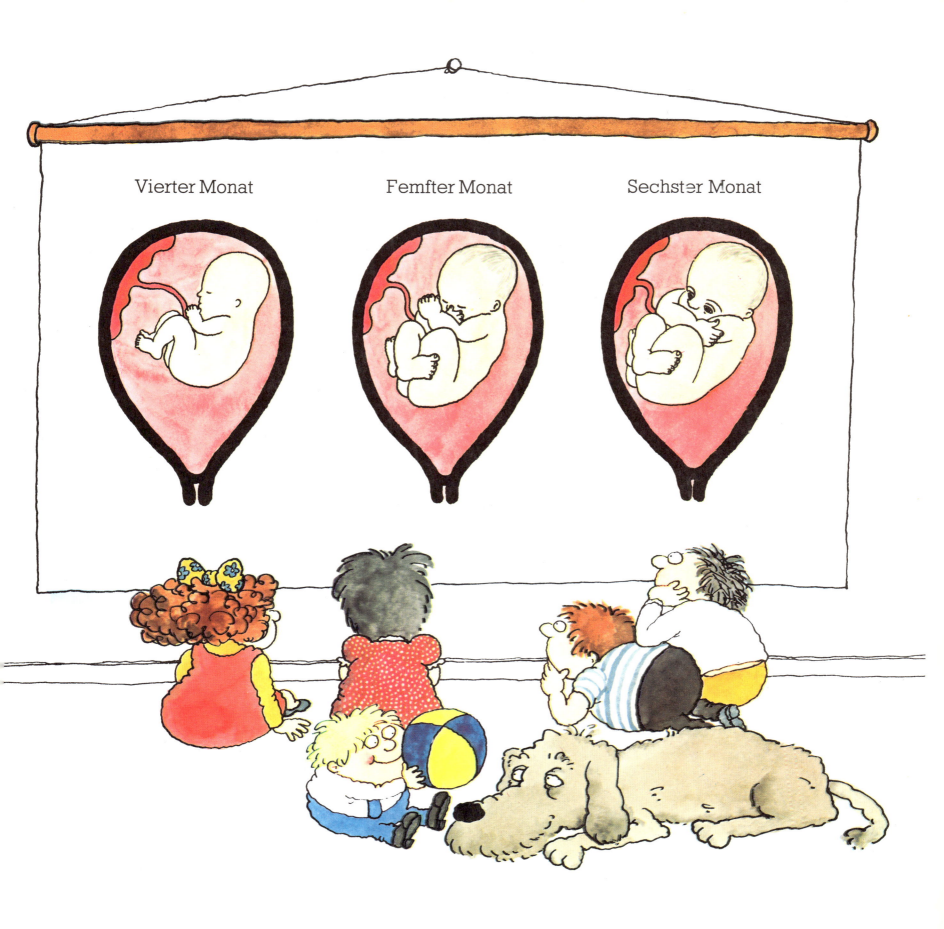

Siebter Monat

Wenn dir der Dergel scho vorher groß vorkomma ischt, no isch's jetz a Mordsdromm. 's ischt ogfähr so lang wia dei Arm (aber zamma-grollt wia a Katz) ond wiagt so om de drei Pfond rom. En dem Monat fangt au 's Hirn a z'wachsa, wo's schpäter zom Denka braucht.

Achter ond nainter Monat

En dene zwoi Monat isch's faulmiad wia d'Cannschtatter ond tuat nex wia greeßer ond kräftiger z'werda. Aber des goht ganz von alloi, ond no macht sich's fertig, weil's jetz en d'Welt naus will.

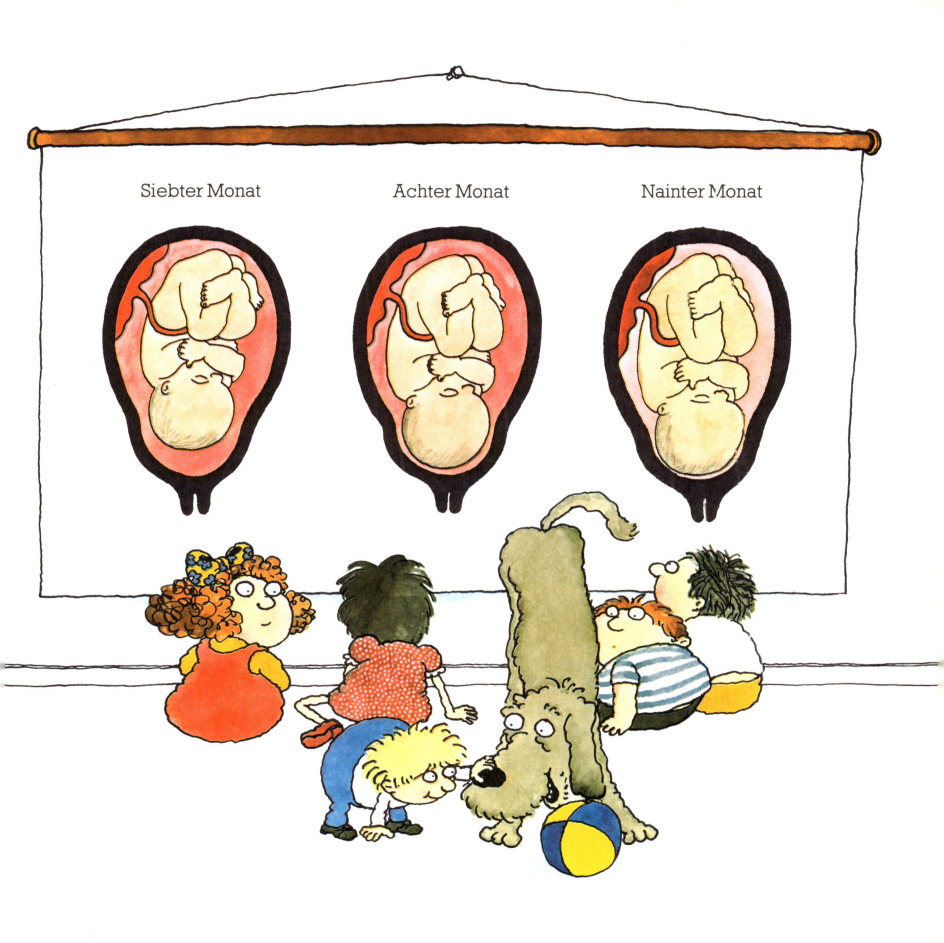

Dr Geburtstag

Jetz kommet mir zu dem Tag, wo mir älle vrlebt hent, aber kois von ons ka sich meh dra erennera, trotzdem mr en jedes Johr feieret.

Do schtrackt also des Butzerle, ganz zamma-grollt en dr Muatter ihrem Bauch. Wia kommt's bloß do raus?

Des heert sich ganz oifach a: 's wird nausdruckt Noch dreiviertel Johr hot d'Mamma gnuag. 's Kend-le ischt fertig, ond jetz goht älles ganz von alloi.

A bsondera Art von Bauchweh

's erschte Zoiche fir d'Muatter ischt Bauchweh, wo vrgoht, aber emmer wieder kommt. 's tuat weh, ond drom hoißt mr's Weha. Dia Weha kommet zerscht wenig, aber no emmer efter ond emmer schtärker. Au dr Dokter wird langsam oruhig – wia dr Torwart, wenn dr Ball uffs Tor zua gschpielt wird. Dia Weha sent nämlich a Zoiche, daß des Kendle ganz ond gar fertig ischt ond sich jetz d'Welt agucka will.

Dr Dokter hilft dr Mamma.

D'Muatter muaß des Kendle durch des Loch onta an ihrem Bauch nausdrucka. Dodrzua braucht se a Mordskraft en ihre Bauchmuskla.

Dr letzscht Toil ischt dr schwerscht

Also, wenn da dra denkscht, wia groß des Kendle ischt ond wia kloi des Türle, wo's rauskommt, no kascht dr au denka, wia arg d'Muatter schaffa muaß. 's tuat era au weh. Drom hoißt mr da erschta Toil von dr Geburt: en de Weha sei.

Des ka scho arg lang dauera, ond's macht hondsmiad. Aber am End kommt des Kendle raus. 's hot a Sauwuat ond schreit wia ebber, wo zuaguckt wia dr VfB vrliert. Du hoscht au plärrt, wo da uff d'Welt komma bischt, denn's ischt scho gar net schee, en dia Kälte nausz'komma, wenn mr's nai Monat lang so warm ond gmiatlich ghet hot.

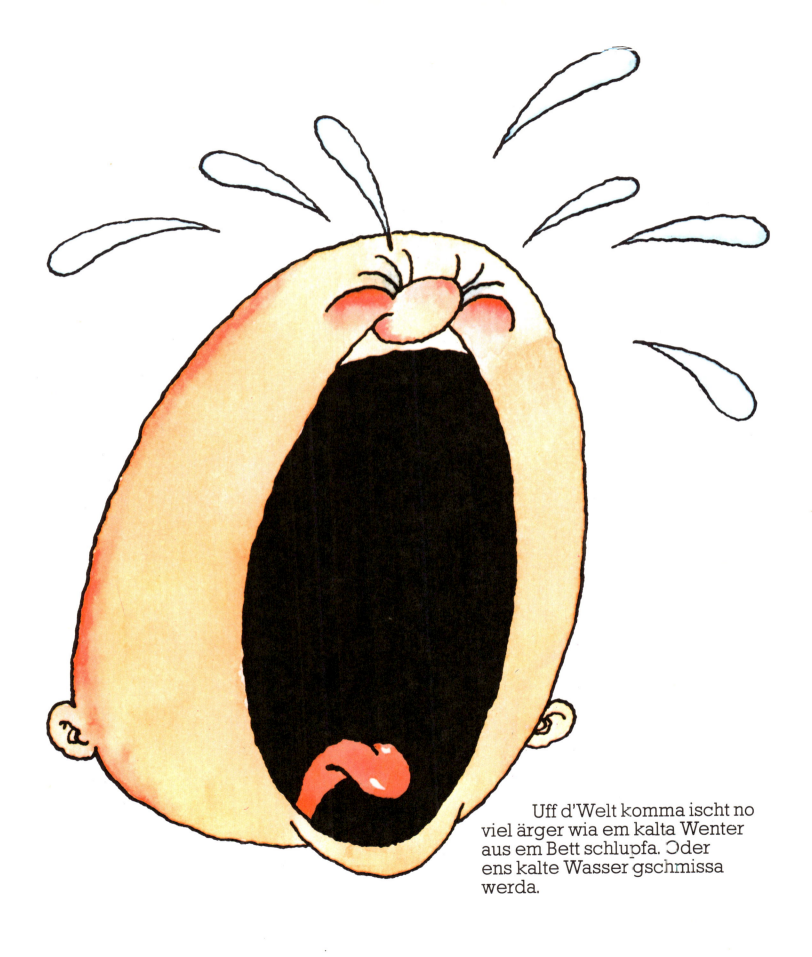

Uff d'Welt komma ischt no viel ärger wia em kalta Wenter aus em Bett schlupfa. Oder ens kalte Wasser gschmissa werda.

Des Butzerle ischt narret, weil's gar net gern uff d'Welt kommt. Aber ebbes muaß mr no toa, eh sich älle ausruha kennet, d'Muatter ond 's Kendle ond au dr Vatter, wo sich auf sei Viertele frait, wenn er älles henter sich hot. En dene dreiviertel Johr vor seinera Geburt hot des Kendle sei Essa durch a klois Schläuchle kriagt, wo an seim Bäuchle agwachsa gwä ischt.

Worom du a Bauchnäbele hoscht

Jetzet, wo's gebora ischt ond probiert, 's Essa durchs Geschle z'kriaget, braucht's des Schläuchle nemme. Drom schneidet's dr Dokter ab (des tuat net weh) ond bendet 's End zua, wia wenn's a Leberwurscht wär, ond schtopft's en Bauch nei. Drom hoscht du a Näbele. Des ischt 's oinzige, wo von dem Schläuchle iebrigblieba ischt, wo da zom Leba braucht hoscht.

Der lange Schlauch hot en Nama: d'Nabelschnur.

Des gaudige Näbele ischt 's Reschtle
n dem, wo di domols am Leba ghalta hot.

Sodele! Jetz woischt, wo du herkommscht. Des wär eigentlich älles. Am End denkscht, des sei scho a args Gschäft gwä fir so a klois Butzerle. Aber i ka dr saga, worom dei Muatter ond dei Vatter des älles gschafft hent.

Wenn da wissa willscht, worom se sich so viel Miah geba hent, no brauchscht bloß en da Schpiegel gucka.

Em Schpiegel siehscht, fir wen dei Muatter ond dei Vatter des toa hent. Ond fir wen mir des Buch gschrieba ond gmolt hent.